BEI GRIN MACHT SICH IHR WISSEN BEZAHLT

AF150045

- Wir veröffentlichen Ihre Hausarbeit, Bachelor- und Masterarbeit

- Ihr eigenes eBook und Buch - weltweit in allen wichtigen Shops

- Verdienen Sie an jedem Verkauf

Jetzt bei www.GRIN.com hochladen und kostenlos publizieren

Edith Reinisch

Die Europäische Union: Maastricht, Amsterdam und Nizza

GRIN Verlag

Bibliografische Information der Deutschen Nationalbibliothek:

Die Deutsche Bibliothek verzeichnet diese Publikation in der Deutschen National-
bibliografie; detaillierte bibliografische Daten sind im Internet über http://dnb.d-
nb.de/ abrufbar.

Impressum:

Copyright © 2009 GRIN Verlag GmbH
Druck und Bindung: Books on Demand GmbH, Norderstedt Germany
ISBN: 978-3-656-41538-1

Dieses Buch bei GRIN:

http://www.grin.com/de/e-book/129195/die-europaeische-union-maastricht-amster-
dam-und-nizza

REFERATSARBEIT

DIE EUROPÄISCHE UNION:

MAASTRICHT, AMSTERDAM UND NIZZA

BEARBEITET VON

EDITH REINISCH

IM RAHMEN DER VORLESUNG

>ÖSTERREICHISCHE SICHERHEITSPOLITIK NACH 1945<

SOMMERSEMESTER 2009

Inhalt

1. Einleitung

Zwischen 1973 und 1984 gibt es eine besondere Krisenphase in der europäischen Integration. Die Staaten der 1957 gegründeten Europäischen Wirtschaftsgemeinschaft (EWG) fallen teilweise in eine nationale Wirtschaftspolitik zurück. Der deutsche Nationalökonom Herbert Giersch prägt in diesem Zusammenhang den Begriff der „Eurosklerose".[1]

Intensiviert wird die Konjunkturverschlechterung durch die Ölkrisen in Folge des Jom-Kippur-Kriegs 1973 und der iranischen Revolution 1979. Hinzu tritt die internationale Währungskrise, die 1973 durch den Zusammenbruch des Bretton-Woods-Systems ausgelöst wird und zu großen Wechselkursschwankungen zwischen den europäischen Ländern führt.

Ende 1985 einigen sich die Mitgliedsstaaten auf ein umfangreiches Reformpaket, um die europäische Integration wiederzubeleben. Diese Einheitliche Europäische Akte (EEA) wird 1986 verabschiedet und tritt im folgenden Jahr in Kraft. Sie enthält unter anderem das Projekt eines gemeinsamen europäischen Binnenmarkts mit weitgehend einheitlichen Regeln und Wettbewerbsbedingungen und zieht damit die politischen Konsequenzen aus den Erfahrungen während der Krise. Vor allem aber enthält die EEA eine erste Erweiterung der Kompetenzen des Europäischen Parlaments und die Wiederaufnahme des 1969 in Den Haag beschlossenen Plans einer Europäischen Politischen Zusammenarbeit zur außenpolitischen Koordinierung der EWG-Staaten.

Seit 1970 besteht eine informelle Zusammenarbeit im außenpolitischen Bereich, die im sog. „Davignon-Bericht" gründet. Sie hat eine Abstimmung der Außenpolitik durch ständige Treffen der Außenminister zum Gegenstand, die durch regelmäßige Konsultationen und ständige Kontakte der zuständigen Behörden ergänzt wurden. Das System der EPZ war von Anfang an auf eine Weiterentwicklung ausgerichtet. Dadurch wird der nächste Schritt ausgelöst, der durch den Vertrag von Maastricht erfolgt, durch den es zu mehr Gemeinsamkeit unter Einbeziehung der Fragen der Sicherheitspolitik kommt. Die EPZ wird zur zweiten Säule der Europäischen Union, nämlich zur Gemeinsamen Außen- und Sicherheitspolitik (GASP).

---

[1] Giersch (1985)

2. Die GASP im Vertrag von Maastricht (Der EU-Vertrag)

Der Vertrag von Maastricht wird am 7. Februar 1992 im niederländischen Maastricht vom Europäischen Rat unterzeichnet und stellt den bis dahin größten Schritt der europäischen Integration seit der Gründung der Europäischen Gemeinschaften dar. Das Vertragswerk tritt an die Seite der 1957 geschlossenen Römischen Verträge. Die Europäische Union (EU) wird gegründet, als übergeordneter Verbund für die Europäischen Gemeinschaften, die Zusammenarbeit in den Bereichen Justiz und Inneres sowie für die Gemeinsame Außen- und Sicherheitspolitik.

Die außenpolitischen Kompetenzen stehen aber weiterhin den Unionsstaaten zu. Sie handeln im Rahmen der GASP weiterhin selber, müssen sich aber mit den anderen Unionsstaaten abstimmen. Für die meisten Beschlüsse gilt daher Einstimmigkeitsprinzip. Welche Form der Koordination im konkreten Fall gewählt wird, liegt im Ermessen der Unionsstaaten.[2]

Durch den Vertrag von Maastricht werden nun die Grundsätze der GASP festgelegt. Dieser Politikbereich erstreckt sich auf alle Bereiche der Außen- und Sicherheitspolitik. Die Mitgliedstaaten verpflichteten sich, die GASP aktiv und vorbehaltlos im Geiste der Loyalität und gegenseitigen Solidarität zu unterstützen. Erstmals wird in die GASP auch die Verteidigungspolitik miteinbezogen. Das Verhältnis zur Kommission und zum Europäischen Parlament wird ausdrücklich geregelt: Die Kommission wird in vollem Umfang an den Arbeiten der GASP beteiligt. Das Europäische Parlament ist regelmäßig zu unterrichten; der Vorsitz hat es zu hören und darauf zu achten, dass seine Auffassungen gebührend berücksichtigt werden.

Im Rahmen der GASP werden besondere Instrumente der Kooperation vorgesehen: nämlich gemeinsame Standpunkte und gemeinsame Aktionen.[3] Aktionsbereiche der GASP waren in den ersten Jahren der Nahe Osten, das ehemalige Jugoslawien, Südafrika und Russland. Bei dem im November 1993 in Brüssel stattgefundenen Europäischen Rat wird festgelegt, dass der Ausbau der GASP nach Maßgabe der Wichtigkeit der Interessen aller Mitgliedstaaten schrittweise und pragmatisch erfolgen soll. Einen gewissen Fortschritt bringt in diesem Zusammenhang der Vertrag von Amsterdam.

---

[2] Regelsberger (2003) S. 117 - 119
[3] Wessels (2003) S. 99

3. Die weitere Entwicklung im Vertrag von Amsterdam

Der Vertrag von Amsterdam wird am 2. Oktober 1997 von den EU-Staats- und Regierungschefs unterzeichnet und tritt am 1. Mai 1999 in Kraft. Er verändert und ergänzt den Vertrag von Maastricht, löst diesen aber nicht ab. Die Außen- und Sicherheitspolitik bleibt auch in diesem Vertragswerk zwischenstaatlich organisiert. Dennoch enthält der Vertrag von Amsterdam eine Reihe von Neuerungen:

1. Das Kohärenzgebot wird ein grundlegendes Strukturprinzip der Union.

2. Repräsentanz der Union nach außen durch die Schaffung des „Hohen Vertreters für die Gemeinsame Außen- und Sicherheitspolitik".[4] Es wird eine Strategieplanungs- und Frühwarneinheit eingerichtet, die die Entwicklungen im Bereich der GASP überwacht und analysiert.

3. Erweiterung des Handlungsinstrumentariums.

4. Grundsätzlich werden Beschlüsse der GASP weiterhin vom Rat einstimmig gefasst. Deren Umsetzung kann aber mit Mehrheitsentscheidung beschlossen werden.

5. Alle operativen GASP-Ausgaben werden aus dem Haushalt der EG finanziert, ausgenommen Maßnahmen mit militärischen oder verteidigungspolitischen Bezügen.

6. Die Europäische Sicherheits- und Verteidigungspolitik (ESVP) berührt nicht die Verpflichtungen jener Mitgliedstaaten, die innerhalb der NATO ihre gemeinsame Verteidigung verwirklicht sehen.[5]

7. Es erfolgt eine Konkretisierung der Sicherheits- und Verteidigungsdimension mit potentieller Möglichkeit zum Einsatz militärischer Mittel. Die Westeuropäische Union (WEU) arbeitet Entscheidungen und Aktionen der Union mit verteidigungspolitischen Bezügen aus und führt diese durch (Art J 4 Vertrag von Maastricht) und sie eröffnet der Union den Zugang zu einer operativen Kapazität im Besonderen mit den sog. Petersberg Aufgaben. [Exkurs: Diese Aufgaben werden 1992 beim Gipfel des Ministerrats der WEU definiert und umfassen humanitäre Aufgaben, Rettungseinsätze, friedenserhaltende Aufgaben sowie Kampfeinsätze bei der Krisenbewältigung einschließlich Friedensschaffender Maßnahmen. (Art. J 7 Vertrag von Amsterdam)]

---

[4] Burghardt/Tebbe (1998) S. 96

[5] Jopp/Reckmann/Regelsberger (2002) S. 67

4. Die ESVP bis zum Vertrag von Nizza

Das zentrale Ereignis des unter französischer Präsidentschaft im Dezember 2000 in Nizza stattgefundenen Gipfeltreffens betrifft die europäische Sicherheitspolitik. Mit der Entscheidung, bis zum Jahre 2003 eine „Schnelle Eingreiftruppe" als Instrument zur militärischen Krisenintervention zu schaffen, hat die ESVP eine neue Qualität erhalten. Die Entwicklung dieser Idee geht auf eine „Erklärung zur europäischen Verteidigung" im Dezember 1998 in St. Malo zurück.

[Exkurs: Dieses Ziel der „schnellen Eingreiftruppe" wird nicht erreicht. Im ersten Halbjahr 2004 wird daher eine erneute Verbesserung der militärischen Fähigkeiten im Rahmen des Headline Goal 2010 vereinbart, dessen Umsetzung derzeit läuft. Als Schritt zur schnellen Verbesserung der Einsatzfähigkeit beschließt der Rat 2004 die Aufstellung der sogenannten EU Battlegroups. Diese hochflexiblen Verbände mit einer Stärke von etwa 1.500 Soldaten können innerhalb von 10–15 Tagen in einem Radius von 6.000 km um Brüssel für eine Dauer von bis zu vier Monaten zum Krisenmanagement eingesetzt werden. 2005 waren die ersten Verbände verfügbar, die volle Einsatzfähigkeit wurde 2007 erreicht. Seitdem stehen jeweils 2 dieser in der Regel multinational zusammengesetzten Verbände für jeweils 6 Monate einsatzbereit zur Verfügung.]

Anlässlich eines Treffens des französischen Staatspräsidenten Chirac mit dem britischen Premierminister Blair wird in der genannten Erklärung ein Konsens über wichtige Fragen sichtbar:

- Die EU soll bei einer Krisenbewältigung die militärische Fähigkeit besitzen, autonom tätig zu werden.
- Die europäischen Staaten sollen in diesen Fällen im Kontext mit der EU handeln.
- Die EU soll für Analyse, Aufklärung und Planung die erforderlichen Strukturen und Kapazitäten besitzen.
- Die EU soll die Möglichkeit haben, auf geeignete militärische Mittel zuzugreifen.
- Die Rolle der NATO soll bestehen bleiben.

Die Erklärung von St. Malo bewirkt eine Belebung der Diskussion um die GASP. Auf dem Gipfeltreffen in Köln im Juni 1999 besteht Übereinstimmung, dass die Union in Zukunft über die notwendigen militärischen Mittel und Strukturen verfügen sollte, um die Krisenbewältigung im Rahmen der Petersberg-Aufgaben durchführen zu können. Dies sei ein Teil der schrittweisen Festlegung der gemeinsamen Verteidigungspolitik. Der

Europäische Rat beauftragt in Köln den Rat für allgemeine Angelegenheiten, die Voraussetzungen für ein EU-Krisenmanagement zu schaffen. Im Europäischen Rat in Köln wird auch der frühere NATO-Generalsekretär Javier Solana zum Generalsekretär des Rates und Hohen Vertreter für die GASP ernannt.[6]

Auf dem Europäischen Rat in Helsinki im Dezember 1999 werden politisch-militärische Einrichtungen als organisatorische Basis für ein europäisches Krisenmanagement eingesetzt:

- ein Politisches und Sicherheitskomitee (PSK) für alle Aspekte der GASP und der ESVP;

- ein Militärausschuss (MA) zur militärischen Beratung und Vorgabe von Leitlinien für den Militärstab;

- ein Militärstab (MS) zur Verfügungstellung von militärischem Fachwissen und zur militärischen Unterstützung bei der Durchführung von Operationen.[7]

Ziel der europäischen Aktivität war die Schaffung einer Eingreiftruppe bis ca. 60.000 Mann samt dazugehöriger Logistik. Dieser Verband sollte bis spätestens 2003 in der Lage sein, innerhalb von 60 Tagen in ein Krisengebiet verlegt zu werden und dort über ein Jahr zu bleiben. Ausdrücklich wird festgehalten, dass die EU bei komplizierten Operationen die Möglichkeit hat, auf die Ressourcen der NATO zurückzugreifen. Aufgrund dieser Vorbereitungsphasen werden in Nizza die entscheidenden Festlegungen getroffen. Der Vertrag von Nizza ist ein Vertrag zur Änderung Vertrages von Maastricht, der Verträge zur Gründung der EG sowie einiger damit zusammenhängender Rechtsakte. Das Vertragswerk wird am 11. Dezember 2000 beim Europäischen Rat in Nizza von den Staats- und Regierungschefs beschlossen und tritt nach der Ratifizierung am 1. Februar 2003 in Kraft. Der Vertrag von Nizza ist damit die Basis des gegenwärtigen politischen Systems der EU.

---

[6] Frisch (2000)

[7] Wessels (2003) S. 78 - 118

5. Literatur

Burghardt, Günter/Tebbe, Gerd: Artikel J.5; in: Ehlermann, Claus/Bieber, Roland (Hg.): Handbuch des Europäischen Rechts - HER. Die systematische Gesetzessammlung der Europäischen Union, EWG, EGKS und Euratom (Baden-Baden 1991)

Frisch, Thomas: Der Hohe Vertreter für die GASP. Aufgaben und erste Schritte. (Ebenhausen 2000)

Giersch, Herbert: Eurosclerosis, Kieler Diskussionsbeiträge, 2, (Kiel 1985)

Jopp, Mathias/Reckmann, Jan/Regelsberger, Elfriede: Ansatzpunkte und Optionen zur institutionellen Weiterentwicklung von GASP und ESVP; in: Integration 25. Jg., Heft 3/2002 (Baden-Baden 2002)

Regelsberger, Elfriede: Gemeinsame Außen- und Sicherheitspolitik; in: Weidenfeld, Werner/Wessels, Wolfgang (Hg.): Jahrbuch der Europäischen Integration 2002/2003 (Bonn 2003)

Wessels, Wolfgang: Eine institutionelle Architektur für eine globale (Zivil-) Macht? Die Artikel zur Gemeinsamen Außen- und Sicherheitspolitik des Vertrags über eine Verfassung für Europa; in: Zeitschrift für Staats- und Europawissenschaften 1: 3 (Berlin 2003)